Knaur

In der gleichen Ausstattung sind erschienen:

Michael Chen, *Der kleine Zen-Meister*
Anna Santini, *Die kleine Feng-Shui-Schule*
Kamala Murty, *Die kleine Tantra-Schule*

❖ Anna Santini ❖

DER KLEINE EDELSTEIN-ALMANACH

Die Heilkraft der Steine

Knaur

Alle Informationen, Empfehlungen und Anwendungen in diesem Buch wurden nach bestem Wissen zusammengestellt. Verfasser und Verlag können jedoch für gleich welche Schäden keinerlei Haftung übernehmen.

Besuchen Sie uns im Internet:
www.droemer-knaur.de

Originalausgabe Mai 1999
Copyright © 1999 bei Droemersche Verlagsanstalt
Th. Knaur Nachf., München
Alle Rechte vorbehalten. Das Werk darf –
auch teilweise – nur mit Genehmigung des Verlags
wiedergegeben werden.
Konzeption und Redaktion:
Redaktionsbüro Dr. Andreas Gößling
Umschlaggestaltung: Unit, Bielefeld
Umschlagfoto: Premium, Düsseldorf
Satz: Ventura Publisher im Verlag
Druck und Bindung: Clausen & Bosse, Leck
Printed in Germany
ISBN 3-426-72807-9

2 4 5 3 1

INHALT

	Vorbemerkung	7
1	Was sind Heilsteine?	9
2	Die Auswahl des richtigen Heilsteins	11
	Farben	12
	Formen	20
	Mineralien und Metalle	22
	Astrologie	23
3	Der Umgang mit Heilsteinen	28
	Anwendung	28
	Reinigung und Pflege	30
	Qualität	31
4	Kleines Heilsteine-Lexikon	34
5	Therapeutischer Index	92

VORBEMERKUNG

Als kleines Mädchen sah ich meiner Großmutter jedesmal fasziniert zu, wenn sie sich über ihren Schmuckkasten beugte und sorgfältig den Schmuck für den Tag auswählte. Ich liebte ihren Schmuck, die in den herrlichsten Farben funkelnden oder sanft schimmernden Steine, für mich hatten sie alle einen Charakter, eine eigene Persönlichkeit. Das Kriterium, nach dem meine Großmutter jeweils den Stein auswählte, war mit dem immer gleichen Satz benannt: »Wer von euch tut mir wohl heute gut?« Wie überrascht aber war ich, als ich Jahre später zum ersten Mal von der »Heilkraft der Steine« las. Also war Großmutter nicht nur ihren zufälligen Tageslaunen gefolgt, sondern hatte mit der Wahl eines bestimmten Steines intuitiv ihre körperlichen oder seelischen Bedürfnisse erfüllt!
Meine Liebe zu den Edelsteinen hatte ich mir erhalten. Nun machte ich mich noch auf eine

Reise, bei der ich ihre besonderen Heilwirkungen erkundete – eine Reise, die ebenso spannend wie erkenntnisreich war und mir und anderen bei meiner Arbeit als spirituelle Lebensberaterin sehr geholfen hat.

Auch Ihnen wünsche ich, daß Sie der Magie edler Steine erliegen und die beglückende Erfahrung machen, die der »richtige« Stein einem Menschen bescheren kann.

❖ 1 ❖

WAS SIND HEILSTEINE?

Zu den Heilsteinen gehören alle Steine und Mineralien, die den Menschen zu heilen oder sein geistiges und körperliches Wohlbefinden zu steigern vermögen.
Häufig haben sie sich aus Magma, der bei Vulkanausbrüchen auf die Erde geschleuderten flüssigen Gesteinsschmelze aus dem Inneren der Erde, oder im Verlauf von Ablagerungsprozessen entwickelt. Es sind Kristalle oder sogenannte Mineralaggregate mit den unterschiedlichsten Formen und Farben sowie allen Graden an Glanz und Transparenz. Nach jahrhundertelangen Erfahrungen und systematischen Überprüfungen kann man bei den meisten Steinen davon ausgehen, daß ihre Heilwirkung mit fast hundertprozentiger Sicherheit erwiesen ist. Wie aber erklärt sich, daß von Edelsteinen unterschiedliche heilende Wirkungen ausgehen?
Steine nehmen die Schwingungen von Licht

und Wärme – »kosmische Strahlen« – auf, verwandeln sie und geben dann diese veränderten Energien an den Menschen weiter. Sie sind von einem eigenen elektromagnetischen Energiefeld umgeben, dessen spezifische Informationen auf den menschlichen Körper einwirken, auf seinen »grobstofflichen«, physischen Bereich ebenso wie auf seinen »feinstofflichen«, also den geistig-seelischen Bereich.

Schwingungsresonanzen setzen im Körper Heilungsprozesse in Gang. Führen die Edelsteinschwingungen bei einem Menschen zu einer positiven Veränderung, indem etwa eine psychische oder physische Störung verbessert oder gar behoben wird, so spricht man von einer Heilwirkung, die von dem entsprechenden Edelstein ausgeht. Je sensitiver ein Mensch ist, desto stärker wird er die Wirkung der Edelsteine spüren.

❖ 2 ❖
DIE AUSWAHL DES RICHTIGEN HEILSTEINS

Ihre Heilwirkung verdanken die Edelsteine verschiedenen Faktoren: Farben, Formen und ihrem Gehalt an Mineralstoffen und Spurenelementen. Jeder Stein ist aufgrund seiner Geschichte und Zusammensetzung einzigartig, seine äußere Erscheinungsform sowie seine inneren Eigenschaften ergeben seine »Signatur«. Aufgrund des Analogiedenkens bzw. nach dem Gesetz der Resonanz kann man von der Farbe oder äußeren Form eines Steines auf seinen heilenden Einsatz schließen. Beispielsweise werden Blutkrankheiten mit roten Steinen behandelt, oder wenn ein Stein von seiner Form her an ein Auge erinnert, wird er bei einem Augenleiden angewandt.

Um zu erkennen, welcher Stein der für Sie richtige ist, sollten Sie möglichst viele Faktoren berücksichtigen: Farbe, Form, astrologische und energetische Aspekte. Letztlich aber brauchen Sie Intuition. Manche Steine passen gut zu einem Menschen, sie stärken und schützen ihn; manche machen ihn »größer«, andere Steine hingegen schwächen einen Menschen, lassen seine Ausstrahlung, seine »Aura« verblassen und kleiner werden. Einfühlsames Ausprobieren und in sich Hineinhorchen werden Ihnen zeigen, ob Sie den richtigen Stein gewählt haben.

Betrachten wir die Aspekte, die einen Stein zu einem Heilstein machen, im einzelnen:

Farben

Farben schwingen und stellen deshalb eine besonders starke Form energetischer Beeinflussung dar. Jede Farbe hat ihre eigene Schwingungsfrequenz und wirkt sich unterschiedlich auf den Menschen aus. Die Farbtherapie ist ein etablierter Zweig der Alternativmedizin, der sich zu Heilzwecken systematisch dieser Erkenntnisse bedient.

Bei der Farbwirkung von Edelsteinen ist zu

unterscheiden, ob man den Stein ansieht – in diesem Fall wirkt die Farbe über das Auge eher auf den geistig-seelischen Bereich – oder ob der Stein direkt auf der Haut aufliegt, wo er vorwiegend die physischen Prozesse aktiviert.

Die Farbwirkungen von Heilsteinen lassen sich folgendermaßen zusammenfassen:

Rot vitalisiert und aktiviert, erzeugt Wärme und Energie und regt die Blutbildung sowie den Kreislauf an. Rot fördert »hitzige« Prozesse und Emotionen wie Liebe und Haß. Es stabilisiert die Ausdauer und macht dem Menschen Mut.

Zu den roten Edelsteinen gehören Achat, Granat, Rubin, Hämatit, roter Jaspis, Koralle. Rote Steine werden zur Heilung bei Herz- und Blutkrankheiten, niedrigem Blutdruck und Durchblutungsstörungen angewandt. Dank ihrer anregenden Wirkung helfen sie bei Apathie, Schwäche, Niedergeschlagenheit und Ängsten und steigern allgemein den Lebenswillen und die Zuversicht.

Orange belebt, erwärmt und erheitert. Es regt den Appetit und die Verdauung an und wirkt Erschöpfung, Krämpfen sowie Allergien entgegen.

Zu orangefarbenen Steinen gehören u.a. Jaspis, Topas, Karneol, Feueropal, Zirkon und orangefarbener Saphir.

Orangefarbene Steine kommen bei Verdauungsstörungen (vor allem im Dünndarm) zum Einsatz, gegen Allergien und zum allgemeinen Aufbau bei Schwächezuständen und Unlust.

Gelb und Gold sind die Farben der Sonne und des Lebens. Sie regen an und stimmen zuversichtlich. Sorgen nehmen ab, Krankheiten heilen schneller. Gelb unterstützt geistige Prozesse, die Aufnahmefähigkeit und das Denkvermögen. Gold stärkt das Selbstvertrauen und macht weise.

Gelbe und goldfarbene Steine sind Bernstein, Citrin, Goldberyll, gelber Jaspis, Tigerauge, Topas und gelber Turmalin (Tsilaisit).

In der Steinheilkunde werden sie zur Stimulierung des vegetativen Nervensystems, zur

Stimmungsaufhellung und gegen Depressionen sowie bei allen Beschwerden eingesetzt, die mit dem Verdauungssystem zusammenhängen, bei Störungen von Magen, Leber, Milz, Darm und Bauchspeicheldrüse, bei Nieren- und Gallensteinen usw.

Rosa ist eine zartschwingende Farbe, die zu Sanftheit, Mitgefühl und Gefühlstiefe befähigt und sich stärkend auf das Herz und die Liebesfähigkeit auswirkt.
Zu rosafarbenen Steinen gehören vor allem der Rosenquarz, rosafarbene Varietäten von Opal (Pinkopal), Turmalin (Olenit) und andere.
Sie helfen bei Problemen, die seelisch wie körperlich mit dem Herzen zu tun haben: bei Angst, Verkrampfung, negativen Gefühlen aller Art sowie bei Herzschmerzen. Sie stärken das Selbstwertgefühl und die Liebe.

Grün ist eine stark ausgleichende, harmonisierende Heilfarbe. Sie erfrischt, entspannt, wirkt entzündungshemmend, regenerierend, entgiftend und stärkend. Mit dieser Farbe gelingt es, sich von Wut und Ärger zu befreien und inneren Frieden zu erlangen.

Grüne Heiledelsteine sind Amazonit, Aventurin, Beryll, grüner Chalcedon, Jade, Malachit, Olivin, Smaragd, grüner Turmalin und Türkis.

Man setzt sie zur Körperentschlackung und Entgiftung ein, insbesondere von Galle und Leber, zur Beruhigung bei nervösen Unruhezuständen und Schlafstörungen. Auch bei allergischen und Atemwegserkrankungen können grüne Heilsteine Linderung schaffen.

Blau ist die Farbe des Himmels und des Meeres und vermittelt deren Gefühl von Weite, Tiefe und Ruhe. Es ist eine spürbar beruhigende und kühlende Farbe, die stark und mutig macht und gleichzeitig in die Tiefen der eigenen Psyche führt. Intuition und Inspiration werden durch die Wirkung blauer Steine verstärkt.

Hellblaue Steine zielen eher auf die Kommunikation mit anderen, während dunkelblaue Steine die Verbindung mit dem Ich stärken. Zu hellblauen Steinen zählen Aquamarin,

Chalcedon, Mondstein, Opal, Saphir, Türkis. Dunkelblaue Steine sind Lapislazuli, Saphir, blauer Turmalin (Indigolith und Foitit).
Blaue Steine finden ihre heilende Anwendung, wenn Kühlung und Beruhigung erforderlich sind. Sie wirken entzündungshemmend und regulieren den Hormonhaushalt, insbesondere die Schilddrüsentätigkeit. Bei Nervosität, Schlaflosigkeit und Nervenirritationen aller Art wirken sie ausgleichend und beruhigend, und sie vermindern Angst, Panik und Hektik.

Türkis vereinigt als Mischung von Blau und Grün einige Eigenschaften dieser beiden Farben. Es wirkt ausgleichend, entspannend, entzündungshemmend und antiseptisch. Türkis fördert die sprachliche Kommunikation, weshalb ein in Kehlkopfhöhe getragener türkisfarbener Edelstein sich günstig auf das Sprechvermögen auswirkt.
Türkisfarbene Steine sind beispielsweise Amazonit und Türkis.
Anwendung finden türkisfarbene Edelsteine dort, wo Ausgleich erforderlich ist: bei Stim-

mungsschwankungen, bei Gefühlen der inneren Zerrissenheit, Entscheidungsschwäche und nervösen Zuständen.

Violett gilt traditionell als Farbe der Intuition und Spiritualität. Auch sie hebt Widersprüche auf und kann auf einer tiefen psychischen Ebene das Gefühl des Einsseins mit dem Universum bewirken. Innerer Friede und Klarheit folgen daraus.
Zu den violetten Steinen zählt der Amethyst. Die Verwendung violetter Heilsteine führt zu einer Klärung im psychischen wie im physischen Bereich. (Kopf-)Schmerzen, Schwellungen werden gelindert, ebenso Störungen des Nervensystems, Atem- und Verdauungsbeschwerden.

Braun ist die Farbe der Erde und gibt den Menschen Kraft und Stabilität. Sie ist eher auf materiell-physische Belange denn auf seelisch-psychische gerichtet. Gleichwohl strahlt ihre konzentrierende und entspannende Wirkung auch in diesen Bereich hinein.

Braune Steine sind Bernstein, Granat (Spessartin), Tigerauge.
Zur Überwindung von Zweifeln und Unsicherheit helfen braune Steine. Sie machen den Menschen unbeschwert und optimistisch.

Weiß symbolisiert Reinheit, Unschuld und Klarheit. Es fördert das Durchschauen verworrener Verhältnisse.
Weiße Steine sind Bergkristall, Chalcedon, Diamant, Perle, Opal (Andenopal, Hyalith).
Weiße Steine sind zur Heilung vielseitig einsetzbar. So lösen sie Blockaden, stärken die Wahrnehmungsfähigkeit und Klarsicht, auch auf physischer Ebene. Kopfschmerzen kann man mit weißen Steinen lindern.

Schwarz ist die Farbe der Nacht, des Schattens und auch des Todes. Als stark absorbierende Farbe verhilft sie zur Konzentration auf Wesentliches und schützt vor Ablenkung. Mit Schwarz kann man sich erden und »auf dem Boden bleiben«.
Schwarze Steine sind Achat, Obsidian, Onyx, schwarzer Turmalin (Schörl).

Schwarze Steine werden häufig als Schutzsteine verwandt. Bei psychischen Heilungsprozessen unterstützen sie die Annahme der »dunklen« oder »Schattenseiten« der eigenen Psyche. Im physischen Bereich haben sie sich zur Stärkung von Gefäßen bewährt.

Formen

Die meisten Edelsteine weisen schon von Natur aus aufgrund ihrer kristallinen Struktur erstaunliche Regelmäßigkeiten auf. Man unterscheidet zwischen sieben Kristallsystemen, deren Grundstrukturen drei-, vier- oder sechseckig sind und unterschiedlich lange Seiten haben, sowie den amorphen, d.h. nicht strukturierten Steinen. Diese Grundformen eines Steines beeinflussen seine Heilwirkung: Beispielsweise wirkt ein quadratisches Muster geordneter als eine Trapezform, die eher Sprunghaftigkeit vermittelt.
Hinzu kommen noch die Schliffe bzw. Formen, die ein Stein durch seine Verarbeitung erfährt. Im folgenden gebe ich Ihnen einen

Überblick über die wichtigsten Formen und ihre Symbolik.

Kreis	Vollkommenheit; Ewigkeit; Erlebnis des Selbst; Ruhe und Harmonie
Scheibe	(Disk = runder Schmuckstein) Schutz vor fremden Einflüssen
Donut	(Scheibe mit Loch in der Mitte) Anziehung und Konzentration von Energie; Zentrierung
Quadrat	Regelmäßigkeit; Festigkeit; Ausgeglichenheit; Stabilität; irdische, materielle Existenz
Dreieck	Ausgleich von Gegensätzen; Dynamik; nach unten weisend: Yin, Weiblichkeit, Unbewußtes, Potential; nach oben weisend: Yang, Männlichkeit, Feuer, Lebenskraft
Oval	Harmonie; Verbindung von Gegensätzen
Lemniskate	(liegende Acht) Übergang von Rationalem zu Transzendentem

Spirale	Kreisförmige Bewegung; Lebenskraft, Energiezuwachs; Individuationsprozeß; Strukturierung des Bewußtseins
Raute	Balance; Fließen
Trapez	Stärke; Schutz
Stern	Spiritualität; Göttlichkeit; Einzigartigkeit; Geist; Einheit von Materie und Spiritualität
Mondsichel	Weiblichkeit; Intuition; Innenschau
Herz	Liebe; Gefühl; Glück
Tropfen	Lebenssymbol; Fruchtbarkeit; Reinigung
Blitz	Erleuchtung; intuitive Erkenntnis; Unruhe; Wechsel

Mineralien und Metalle

Was man in vergangenen Jahrhunderten aus Erfahrung oder intuitiv erfaßte, läßt sich heute durch die wissenschaftliche Analyse der chemischen Zusammensetzung von Steinen untermauern. Deren Heilwirkungen gehen teilweise auf ihre mineralischen Zusammensetzungen bzw. metallischen Bestandteile zurück. Kommen diese in hoher Konzentration in einem Stein vor, wirken sie sich vor allem auf der grobstofflichen, physischen Ebene des Körpers aus. Spurenelemente hingegen beeinflussen eher den feinstofflichen Körper, d.h. die geistig-charakterliche Ebene eines Menschen. Legt man beispielsweise einen Stein mit hohem Gehalt an Aluminium auf den Magen, so hemmt er dort die Säureentwicklung[1].

Astrologie

Seit Jahrtausenden beobachten die Menschen Beziehungen zwischen Edelsteinen und den Tierkreiszeichen. Daß die Zuordnungen allerdings nicht einheitlich sind, liegt daran, daß die Kalendermonate im Lauf der

---

1 Einen Überblick über die Wirkungen von Mineralklassen und -stoffen gibt das umfassende »Lexikon der Heilsteine« von Michael Gienger, Ludwigsburg ²1997.

Sternzeichen	Farbe	Planet	zugeordnete Steine
Widder 21.3.–20.4.	rot	Mars	Blutjaspis, Feueropal, Granat, Karneol, Rubin
Stier 21.4.–20.5.	grün, orange, rosa	Merkur	heller Achat, Aventurin, Malachit, Rosenquarz, Saphir, Smaragd
Zwilling 21.5.–21.6.	grau, gelb, grünlich, orange	Merkur	Bernstein, Beryll, Topas, Tigerauge
Krebs 22.6.–22.7	silber, weiß, grün	Mond	Chalcedon, Chrysoberyll, Mondstein, Opal, Perle
Löwe 23.7.–23.8.	weiß, gelb, golden, rötlich	Sonne	Bernstein, Citrin, Diamant, Goldtopas, Granat

Sternzeichen	Farbe	Planet	zugeordnete Steine
Jungfrau 24.8.–23.9.	gelb-grün	Merkur	Amazonit, gelber Achat, Chrysopras, Citrin, gelber Saphir, Topas
Waage 24.9.–23.10.	grün, blau, rötlich	Venus	Aquamarin, Achat, Jade, Lapislazuli, Smaragd, blauer Topas, blauer Turmalin (Indigolith)
Skorpion 24.10.–22.11.	schwarz, dunkelrot	Pluto	Amethyst, Granat, Hämatit, Jaspis, Karneol, rote Koralle, Mondstein, Obsidian, Sardonyx

Sternzeichen	Farbe	Planet	zugeordnete Steine
Schütze 23.11.–21.12.	blau, blaugrün	Saturn	Aquamarin, Chalcedon, Lapislazuli, Saphir, Türkis, blauer Turmalin, (Indigolith)
Steinbock 22.12.–20.1.	schwarz, violett, grün	Saturn	Amethyst, Malachit, schwarze Koralle, Onyx, schwarze Perle, Turmalin (Schörl)
Wassermann 21.1.–19.2.	blau, grün	Uranus	Aquamarin, Lapislazuli, Opal, Saphir, Türkis, Turmalin
Fische 20.2.–20.3.	blau, blaugrün, violett, opal	Neptun	Achat, Amethyst, Aquamarin, Jade, blauer Mondstein, Opal, Türkis

Jahrhunderte sich gegenüber den Sternbildern der Tierkreise verschoben haben. Gleichwohl lassen sich vor allem über die Farben Übereinstimmungen zwischen Edelsteinen, Planeten und den Tierkreiszeichen entdecken.

Wenn Sie »Ihren« Stein anhand Ihres Tierkreiszeichens auswählen wollen, so gilt auch hier, daß Sie sich am besten von Ihrer Intuition leiten lassen. Ideal wäre es, wenn alle Kategorien zusammen – Farbe, Form, chemische Zusammensetzung sowie Übereinstimmung mit dem Sternkreiszeichen – Sie zu Ihrem persönlichen Stein führen.
Große Steine wirken stärker als kleine, eckige haben an ihren Kanten stärkere Wirkung als an den Flächen, runde wirken gleichmäßig, wenngleich nicht sehr stark. Steine, bei denen der für sie typische Mineralgehalt hoch ist, wirken ebenfalls besser als qualitativ minderwertigere Steine.
Ob man einen stark oder eher sanft wirkenden Heilstein braucht, kann man nur durch Ausprobieren herausfinden.

❖ 3 ❖

DER UMGANG MIT HEILSTEINEN

Heilsteine sind Geschenke der Natur: Sie erfüllen uns mit Freude über ihre vielfältige Schönheit, und sie vermögen uns in allen Bereichen Linderung oder Heilung zu verschaffen. Es versteht sich von selbst, daß man seine Steine mit Respekt, Liebe und Sorgfalt behandelt. Dazu gehört der bewußte Einsatz ebenso wie die regelmäßige Reinigung.

Anwendung

Man kann Heilsteine als Anhänger am Körper tragen oder als Handschmeichler (gerundete »Trommelsteine«) in der Hosentasche haben, wo man immer wieder hingreift. Wichtig ist, daß ein Hautkontakt zum Heilstein besteht.

- *Äußerlich*: Heilsteine werden an bestimmten Körperstellen direkt auf die Haut gelegt, etwa wenn diese schmerzen, oder oberhalb von bestimmten Organen. Kenner der fernöstlichen Energiekörper, der Meridiane und Chakras, legen Heilsteine auch auf diese Bereiche. Dort bleiben sie, bis eine Besserung spürbar wird.
- *Innerlich*: Die Heilwirkung von Edelsteinen läßt sich auch durch innere Einnahme erfahren: Man kann Edelsteinessenzen herstellen, indem man den entsprechenden Stein in Wasser legt. Wasser ist eine neutrale Basis, die die energetischen Schwingungsinformationen aufnimmt, so daß es nach einiger Zeit damit gefüllt ist. Trinkt man diese Essenz, entfaltet sich die Heilwirkung des Steines im ganzen Körper.
- *Meditation*: Über Edelsteinen kann man sehr gut meditieren. Da man sich während der Meditation den tieferen, intuitiven Schichten des eigenen Selbst öffnet, ist man in diesem Zustand für Schwingungen besonders empfänglich.
- *Umgebung*: Größere Steine, die man in

seiner Umgebung aufstellt, beeinflussen durch ihr relativ starkes Energiefeld die Atmosphäre eines Zimmers und wirken so auch auf die Empfindungen des Menschen darin zurück.

Reinigung und Pflege

Da Edelsteine sich beim Tragen statisch aufladen und zudem die emotionalen Informationen von Menschen, die mit ihnen länger in Kontakt kommen, speichern können, ist regelmäßige Reinigung sehr wichtig. Indem man einen Stein unter fließendes Wasser hält, entlädt man ihn. Die gespeicherten Informationen seines Trägers kann man auf zweierlei Art löschen: Eine unkomplizierte Methode besteht darin, den Stein in eine Amethystdruse (Amethyste sind in einem Gesteinshohlraum zusammengewachsene Kristalle) zu legen, wo er, je nachdem, wie lange er am Körper getragen wurde, innerhalb von einer Stunde bis zu einem Tag von allen menschlichen Schwingungen völlig befreit wird.

Die zweite Möglichkeit besteht darin, den Stein in Salz oder Salzwasser zu legen. Da allerdings manche Edelsteine bei diesem Verfahren ihren Glanz, ihre Wirkung und ihren materiellen Wert verlieren können, ist diese Methode nur Edelsteinkennern zu empfehlen. Will man die Heilwirkung eines Steines verstärken, kann man ihn mit Sonnenenergie aufladen. Man legt ihn morgens oder abends in Sonnenlicht, nicht aber mittags. Manche Steine eignen sich auch zur Aufladung mit dem Licht des zunehmenden oder Vollmonds.

Qualität

Was die Qualität eines Heilsteins betrifft, so gibt es leider für den Laien kaum Möglichkeiten zu ermitteln, ob ein Stein sein Geld auch wert ist und ob er wirklich der Heilstein ist, als der er deklariert wurde. Wie in jedem florierenden Bereich gibt es angesichts der wachsenden Nachfrage auf dem Heilsteinmarkt zunehmend unseriöse Händler, die Steine durch Brennen, Färben, Synthetisieren usw. manipulieren. Hier sollte man nur von jemandem kaufen, dem man vertraut, bzw. bei edleren Stücken auf einem mineralogisch-gemmologischen Zertifikat bestehen. Ist man sich unsicher, kann man seinen Stein prüfen lassen, und wenn man eine Fälschung erhalten hat, den Verkäufer juristisch belangen.

Wichtige Kriterien bei der Bestimmung von Heilsteinen sind u.a. die sogenannte »Mohshärte«, Dichte und Strichfarbe.

- ❖ Die *Mohshärte* gibt auf einer Skala von 1 (weich wie Talk) bis 10 (hart wie Diamant) die Ritzhärte eines Steines an.
- ❖ Die *Dichte* ist das spezifische Gewicht eines Minerals und wird folgendermaßen ermittelt: Man wiegt das Mineral (in seiner reinen Form!) in Luft. Dann wiegt man es im Wasser, wo es leichter ist, zieht das Gewicht im Wasser von dem in der Luft ab und dividiert das Gewicht in der Luft durch diese Differenz.
- ❖ Die Überprüfung eines Steins mittels seiner *Strichfarbe* ist bei Steinen bis zu einer

Mohshärte von 7 problemlos möglich: Man zieht mit dem Stein über eine unglasierte weiße Porzellanscheibe, die als »Strichtafel« zu kaufen ist, und erhält einen Strich in einer bestimmten Farbe, die Aufschluß über die Art des Steines gibt. Bei härteren Steinen sind aufwendigere Techniken nötig, um die Strichfarbe zu erkennen.

In der folgenden lexikalischen Auflistung der Heilsteine sind diese drei Kategorien jeweils mit angegeben, so daß Ihnen im Zweifelsfall einige ausgewählte Anhaltspunkte zur eigenen Überprüfung der Echtheit Ihres Steines verfügbar sind.

❖ 4 ❖

KLEINES
HEILSTEINE-LEXIKON

Achat

Farben: viele; Mohshärte: 7; Dichte: 2,6; Strichfarbe: weiß; Vorkommen: Brasilien, Botswana, Indien, Mexiko, Uruguay, USA, Deutschland (Idar-Oberstein)

Achate sind Quarze, die eine extreme Varietätenbreite aufweisen. Da sie aus einander abwechselnden Quarzschichten bestehen, gleicht kein Achat dem anderen. Jeder hat seine eigene Farbenkombinationen, weswegen man nicht von einheitlichen Heilwirkungen sprechen kann. Von seiner trigonalen Kristallstruktur her wohnt dem Achat die Fähigkeit zu Ruhe inne. Darüber hinaus sollte man sich jeden Stein ansehen und seine Heileigenschaften zunächst anhand seiner Signatur erkennen. So werden Achaten heilende Wirkung bei Augenerkrankungen wie Netzhautablösung oder Bindehautentzündung nachgesagt (»Augenachat«) oder die Fähigkeit, Embryos in der Gebärmutter zu beschützen (»Wasserachat«). Einige Achate helfen bei Infektionen, andere bei Nieren- und Blasenbeschwerden. Auch bei Hautkrankheiten, Fieber, Depressionen oder Kopfschmerzen sind sie hilfreich.

Astrologische Zuordnung: Stier

Amazonit

Farbe: grün; Mohshärte: 6; Dichte: 2,56–2,58; Strichfarbe: weiß; Vorkommen: Rußland, Namibia, Mosambik, Madagaskar, Norwegen, Colorado (USA), Brasilien

Der kupferhaltige »Amazonenstein« ist grün bis türkisfarben. Er gehört zu den Feldspaten und soll seinen Namen einem Indio-Mythos nach vom »Land der Frauen ohne Männer«, der Amazonen, herleiten.

Der Amazonit ist ein klassischer Heilstein, der besonders zum Ausgleich von Gegensätzen, bei innerer Zerrissenheit, psychischer Spaltung, Nervosität, Schlafstörungen und Verkrampfung hilft. Er harmonisiert die Ebene der Träume und Intuition.

In der Geburtshilfe spielt der Amazonit seit alters eine wichtige Rolle bei der Öffnung des Muttermundes. Er entspannt die Gebärmutter und lindert Menstruationsschmerzen.
Astrologische Zuordnung: Wassermann

Amethyst

Farbe: violett; Mohshärte: 7; Dichte: 2,65; Strichfarbe: weiß; Vorkommen: Brasilien, Madagaskar, Marokko, Sambia, Sri Lanka, Uruguay, Australien, Mexiko

Der hell- bis dunkelviolette Kristallquarz verdankt seine Farbe dem Eisenanteil. Seine Heiltradition reicht weit zurück. So ist aus der Antike überliefert, daß man Weinbecher aus Amethyst herstellte, um einen nüchternen Geist zu bewahren. Tatsächlich leitet sich sein Name von dem griechischen Wort »amethyein« her, was »vor Trunkenheit bewahren« bedeutet. Er wird bei Alkohol- und Drogenproblemen eingesetzt.

Der Amethyst ist ein wirkungsvoller Meditationsstein, der zu innerer Ausgeglichenheit, Harmonie und Frieden führt. Er steigert die Wahrnehmungsfähigkeit und beruhigt die

Träume, macht weise und hellsichtig. Ein heller kleiner Amethyst unter dem Kopfkissen vertreibt nächtliche Alpträume.

Körperlich wirkt der Amethyst entgiftend und beruhigt das zentrale Nervensystem. Trägt man den Stein am Körper, so wird man langfristig Entspannung finden und psychisch ausgeglichen sein. Kopfschmerzen werden gelindert, Streß wird weniger stark empfunden. Auch die Behandlung von Darm- und Atemwegserkrankungen mit einem Amethyst ist bekannt.

Amethystdrusen vermögen nicht nur andere Edelsteine zu reinigen, sondern auch die Atmosphäre eines Raumes zu klären und negative Energien zu beseitigen. Sie gelten deshalb auch als Schutzsteine gegenüber bösen Einflüssen.

Astrologische Zuordnung: Fische

Apatit

Farben: viele; Mohshärte: 5; Dichte: 3,16–3,2; Strichfarbe: weiß; Vorkommen: Sri Lanka, Kanada, Indien, Mexiko, Brasilien, Rußland

Der in allen Farben vorkommende, als Heilstein besonders aber grüne oder gelbe Kristall besteht vor allem aus Calcium und Phosphat. Diese Elemente beeinflussen stark seine immunstärkende und zellaufbauende Wirkung, die viele Bereiche wie Knochen, Muskeln und Leber positiv beeinflußt. Apatit ist ein Stein, den man am besten als Schmuckstück direkt auf der Haut trägt. Er vermittelt dem Menschen Offenheit, Dynamik, ständig sich regenerierende Energien und schenkt einen wachen Geist.

Astrologische Zuordnung: Schütze (blauer Apatit)

Aquamarin

Farben: blau, grün; Mohshärte: 7,5–8; Dichte: 2,65–2,75; Strichfarbe: weiß; Vorkommen: Brasilien, Ural, Madagaskar, Nigeria, USA, Afghanistan, Pakistan, Indien, Sri Lanka, Mosambik

Die von Blaßblau bis Meergrün reichende Farbe dieses Edelsteins hat ihm seinen Namen – »Meerwasser« – verliehen. Aquamarin ist ein oft eisenhaltiger Beryll mit vielfältigen

Heileigenschaften. So reguliert er das Immun- und Drüsensystem, insbesondere die Schilddrüse. Er hat sich bei Allergien, z.B. gegen Heuschnupfen, bewährt. Man kann Aquamarin als Schmuckstück am Körper tragen, am besten am Hals, oder eine Essenz herstellen und den Körper damit einreiben. Diese stärkt auch die Sehkraft, die äußere wie auch die Weitsicht im übertragenen Sinn und sogar die Innenschau, die Fähigkeit, sich von seiner Intuition lenken zu lassen. Mit einem Aquamarin rüstet man sich bei einem schwierigen Unternehmen. Er stärkt das Durchhaltevermögen und die Ausdauer. Gegenüber anderen Menschen macht er nachsichtig und liebevoll. Am Hals getragen stärkt der Aquamarin die Ausdrucksfähigkeit und lindert Atemwegserkrankungen.

Astrologische Zuordnung: Wassermann, Waage

Aventurin

Farbe: grün u.a.; Mohshärte: 7; Dichte: 2,64–2,69; Strichfarbe: weiß; Vorkommen: Brasilien, Rußland, Simbabwe, Indien

Dieser meist grüne, aber auch gelb oder rot gefärbte Quarz stärkt das Herz und seine Kranzgefäße – physisch wie psychisch, denn er erleichtert den Menschen auch bei Sorgen und befreit ihn von solchem Druck. Übergewichtigen erleichtert er das Abnehmen. Hautprobleme wie Ausschlag, allergische Reaktionen auch der Atemwege finden Linderung durch den am Körper getragenen Aventurin. Dieser Stein macht die Menschen gelassen und heiter, er stärkt ihre Eigenständigkeit und fördert ihr liebevolles Verständnis gegenüber anderen.
Astrologische Zuordnung: Stier

Baumachat
Farbe: weiß-grün; Mohshärte: 7; Dichte: 2,65; Strichfarbe: weiß; Vorkommen: Indien
Bei diesem mit grünen Einschlüssen durchzogenen weißen Stein handelt es sich nicht um einen Achat, sondern um einen Quarz. (Mit »Baumquarz« bezeichnet man jedoch bereits Holzversteinerungen.)
Baumachat stärkt die innere Ruhe und hält den Menschen ihre eigene Kraft vor Augen,

wodurch sie auftauchende Probleme zu überwinden vermögen. Nicht nur psychisch stärkt dieser Stein, den man als Anhänger am Hals tragen oder als Handschmeichler in der Hosentasche mit sich führen kann, sondern steigert auch die Immunabwehr des Körpers. Hat man einen Baumachat dauerhaft als Begleiter, so stärkt dieser die allgemeine Gesundheit und Vitalität.

Bergkristall
Farbe: farblos; Mohshärte: 7; Dichte: 2,65; Strichfarbe: weiß; Vorkommen: weltweit
Dieses transparente und farblose Kristallquarz ist seit alters einer der häufigsten Heilsteine. In vielen Kulturen gilt er als heilig und wird bei religiösen Zeremonien gebraucht. Die Inder verwenden Bergkristall zur Herstellung von Gebetsketten; in China und Japan spielen große Kugeln aus Bergkristall eine Rolle in Gottesdiensten; Indianer und die alten Ägypter gaben Bergkristall ihren Toten mit ins Grab.
Seine vielseitige Verwendbarkeit zu Heilzwecken macht Bergkristall zu einem wahren

»Gesundungsstein«. Er schenkt neue Energien und verteilt sie gleichmäßig im ganzen Körper, löst Blockaden und harmonisiert auf physischer wie psychischer Ebene. Seine vielen verschiedenen Formen werden zu unterschiedlichen Zwecken eingesetzt. Allen Bergkristallen ist jedoch zu eigen, daß sie tiefe Erkenntnis und Erinnerung auch an weit Zurückliegendes fördern. Ein Bergkristall konzentriert auf das Wesentliche, lenkt den Blick auch auf die eigene innere Wahrheit und fördert diese.

Wegen seiner kühlenden Wirkung wird Bergkristall bei Fieber, gegen Schwellungen, Allergien, Brandblasen und Hitzezustände verwendet. Laut Hildegard von Bingen soll er vor der Behandlung in der Sonne erwärmt und dann bei Augenschwäche auf die Augen gelegt werden; bei Drüsenschwellungen am Hals, was möglicherweise als Überfunktion der Schilddrüse zu deuten ist, lege man den Stein auf diese Stelle und trinke dazu Bergkristallelixier. Dieses helfe auch bei Herz-, Magen- und Darmstörungen.

Regelmäßige Reinigung eines Bergkristalls

ist sehr wichtig, um seine Wirksamkeit zu erhalten.
Astrologische Zuordnung: Löwe

Bernstein

Farbe: gelb; Mohshärte: 2–2,5; Dichte: 1,05–1,1; Strichfarbe: weiß; Vorkommen: Baltikum, Dominikanische Republik

Diese leichtgewichtigen goldgelben bis rötlichbraunen Steine bestehen aus versteinertem Harz von Nadelbäumen und weisen häufig Einschlüsse von Blättern oder Insekten auf. Bernstein ist ein seit Jahrtausenden verwendeter Heil- und Schmuckstein mit unterschiedlichen Wirkungen.

Psychisch wirkt er aufhellend, er macht fröhlich, unbeschwert und sorglos. Wunden heilen unter seinem Einfluß schneller. Zahnende Kleinkinder erfahren Erleichterung, wenn man ihnen eine Bernsteinkette umhängt oder sie auf einen Bernstein beißen läßt. Probleme mit Asthma, den Verdauungsorganen sowie Rheuma lassen sich mit direkt auf der Haut getragenem Bernstein leichter bewältigen.

Astrologische Zuordnung: Zwilling

Beryll

Farben: viele; Mohshärte: 7,5–8; Dichte: 2,65–2,9; Strichfarbe: weiß; Vorkommen: Brasilien, Südafrika, Namibia, Pakistan, Madagaskar, Ukraine, USA

Beryll gibt es in allen Farben; seine bekanntesten Varietäten sind der blaue oder grüne Aquamarin und der grüne Smaragd. Der am Körper getragene Stein stärkt die Sehkraft, stabilisiert das Nervensystem, entgiftet und macht erschöpfte und antriebsschwache Menschen munter.

Astrologische Zuordnung: Zwilling

Calcit

Farben: viele; Mohshärte: 3; Dichte: 2,7; Strichfarbe: weiß; Vorkommen: Brasilien, Mexiko, USA

Es gibt vielfältige Varietäten dieses Calciumcarbonats, deren Färbungen von Weiß über Grau, Gelb, Grün, Orangebraun bis Rot reichen. Aufgrund seines hohen Calciumgehalts ist der Calcit gut für Knochen und Zähne, für das Gedächtnis und die geistigen Leistungen. Auch als Herzstärkungsstein wird Calcit verwendet. Man kann ihn als Schmuckstein am Körper tragen oder seine Essenz einnehmen.

Chalcedon

Farben: viele, hellblau; Mohshärte: 6,5–7; Dichte: 2,58–2,64; Strichfarbe: weiß; Vorkommen: Namibia, Türkei, Südafrika, Brasilien, Rußland, Indien, Uruguay, Madagaskar, USA

Zu der Familie der Chalcedon-Quarze gehören u.a. der orangerote Karneol, der grüne Heliotrop oder der schwarze Onyx.

Im engeren Sinn ist mit Chalcedon der hellblaue oder auch farblose Quarz gemeint. Dessen historische Bezeichnung als »Rednerstein« verweist auf seine Fähigkeit, die Kommunikation und das Sprachvermögen zu stärken. Daher ist dies ein Stein, der z.B. bei Vorträgen oder in mündlichen Prüfungen helfen kann. Hildegard von Bingen äußert sich folgendermaßen hierzu: »Wer beim Reden ruhig und besonnen sein und seine Worte mit Verstand vortragen will, soll einen Chalcedon in der Hand halten und ihn mit seinem Atem erwärmen, damit er dadurch feucht wird. Dann soll er mit der Zunge daran lecken, und so wird er ruhiger und besonnener zu den Menschen sprechen können.«

Chalcedon werden Heileigenschaften bei Atemwegserkrankungen zugeschrieben. Seine weiße Ausprägung soll die Milchbildung sowie die Körperflüssigkeiten allgemein anregen. Direkter Hautkontakt über eine längere Zeit gilt als wirkungsvoll.

Astrologische Zuordnung: Krebs, Schütze

Chrysopras

Farbe: grün; Mohshärte: 6,5–7; Dichte: 2,5; Strichfarbe: weiß; Vorkommen: Australien, Brasilien, Indien, Oberschlesien

Dies ist die apfelgrüne, nickelhaltige Varietät des Chalcedon, der günstige Auswirkungen auf Epileptiker nachgesagt werden. Giftstoffe werden unter seinem Einfluß aus dem Körper ausgeschieden, so daß er zur Entgiftung und Entschlackung eingesetzt wird. Darüber hinaus werden ihm eine starke Schutzwirkung sowie die Stärkung weiblicher Fruchtbarkeit nachgesagt. Er soll zudem auf Drüsen und das Herz positiv wirken und die Augen entspannen. Unbewußtes wird harmonisiert, bei unruhigem Nachtschlaf verhilft er zu Entspannung.

Astrologische Zuordnung: Krebs

Citrin

Farbe: gelb; Mohshärte: 7; Dichte: 2,6; Strichfarbe: weiß; Vorkommen: Brasilien, Madagaskar, Rußland, Frankreich, Spanien

Hierbei handelt es sich um einen zitronen- bis grüngelben oder goldbraunen eisenhaltigen Quarz, der sich wie alle gelben Steine positiv auf das psychische Befinden auswirkt. Er ruft Freude und Lebensmut hervor, wirkt Depressionen entgegen und ist auch wegen seiner wärmenden Eigenschaften als hilfreicher Winterstein zu empfehlen. Er hilft, verdrängte Gefühle zu verarbeiten, psychische wie körperliche Verspannungen zu lösen und Schlafstörungen und Nervosität zu überwinden.

Heilkräfte auf körperlicher Ebene entfaltet er vor allem im Bereich der Verdauungsorgane und regt insbesondere die Bauchspeicheldrüse an, weswegen er auch als Heilstein für

Diabetiker gut geeignet ist. Auch bei der Behandlung von Pubertätsakne, Juckreiz und unreiner Haut wird Citrin eingesetzt.
Astrologische Zuordnung: Zwilling, Löwe, Jungfrau

Diamant

Farbe: farblos; Mohshärte: 10; Dichte: 3,5; Strichfarbe: keine; Vorkommen: (Süd-)Afrika, Indien, Brasilien, Sibirien, Australien

Dieser begehrte Edelstein ist extrem hart und besteht aus reinem Kohlenstoff. Er ist farblos, kann aber auch bläulich, gelblich oder rosa schimmern. Im Altertum betrachtete man den Diamanten als Stein der Sonne, da er alle Farben beinhaltet und je nach Sonneneinfall zur Geltung bringt. Ihm wurden die Fähigkeiten nachgesagt, Frieden zu schenken, zu beschützen und den Menschen mit Stärke und Macht auszustatten. Als klassischem Heilstein wird ihm vor allem nachgesagt, die Klarheit und Unabhängigkeit des Geistes zu fördern. Auf der Haut getragen stärkt er den Charakter und den Lebensmut. Der Mensch wird unter seinem Einfluß fähig, alle schwierigen Situationen zu meistern, sein Leben voll »in die Hand« zu nehmen und negative Einflüsse abzuwehren. Dieser Stein reinigt und läutert psychisch wie physisch.

Auf körperlicher Ebene wird dem Diamanten die Kraft nachgesagt, Nerven-, Gehirn- und Drüsenkrankheiten zu überwinden. Klassisch ist z.B. seine Verwendung im Fall von Epilepsie.

Astrologische Zuordnung: Löwe, Jungfrau

Feueropal

Farbe: orange-, feuerrot; Mohshärte: 5,5–6,5; Dichte: 2; Strichfarbe: weiß; Vorkommen: Mexiko, Ukraine, Türkei, USA, Brasilien

Dieser feuerrote sowie fast farblose, bernstein- und vor allem orangefarbene Edelstein macht den Menschen heiter und sinnenfroh. Er stärkt seine Begeisterungsfähigkeit sowie die Entschlußfreude; er energetisiert den ganzen Körper, insbesondere die Sexualfunktionen, weswegen man ihn zur Stärkung der Fruchtbarkeit einsetzt, besonders als Handschmeichler in der Hosentasche. Er setzt blockierte Energien im Körper frei. Wegen seiner heftigen Wirkung sollte man den Feueropal immer nur kurze Zeit am Körper haben.

Astrologische Zuordnung: Widder

Gold

Farbe: golden; Mohshärte: 2,5–3; Dichte: 15–19,3; Strichfarbe: goldgelb; Vorkommen: Kalifornien, Colorado (USA), Südafrika, Australien, Kanada

Dieses gold- bis messinggelbe, bei Silbergehalt auch weißgelbe Edelmetall ist ein reines Element. Seit frühgeschichtlichen Zeiten ist es ein Symbol für Reichtum und gilt bis heute als besonders kostbar.

Es stärkt die Lebens- und Sinnenfreude, vitalisiert und erwärmt. Gold regt den Kreislauf und die Drüsentätigkeit an, insbesondere die Geschlechtsdrüsen. Wer zu Depressionen neigt, kann sich mit Gold nachhaltig stabilisieren. Regelmäßig am Körper getragener Goldschmuck oder stärker noch eine Goldessenz sorgen für spürbare Verbesserung eines gestörten Organismus.

Granat

Farben: vielfältig, vor allem rot; Mohshärte: 6,5–7,5; Dichte: 3,5–4,2; Strichfarbe: weiß oder hellbraun; Vorkommen: Sri Lanka, Brasilien, USA, Indien, Alaska, Afghanistan, Madagaskar, Skandinavien, Österreich, Nepal, Australien, Italien, Rußland

Der (wie der Rubin) unter dem mittelalterlichen Namen »Karfunkel« berühmt gewordene Stein kennt in seinen vielfältigen Varietäten fast alle Farben. Hauptsächlich aber meint man die roten Formen (Almandin, Spessartin, Pyrop) der Granatgruppen.

In vielen großen Religionen kommt dem Granat eine besondere Bedeutung zu. Er gilt traditionell als Schutzstein gegenüber Gefahren und Verletzungen. Der Granat stärkt das Selbstvertrauen, schenkt Kraft und Energie und hilft dem Menschen, auch schwierige Situationen zu meistern und gereift aus ihnen hervorzugehen. Im Hinduismus gilt er als Stein spiritueller Transformation. Auch gilt der Granat als Stein, der Freundschaften erhält.

Auf körperlicher Ebene wird er vor allem bei

Blut-, Herz- und Kreislauferkrankungen eingesetzt. Dank seiner Farbschwingungen und des Eisengehalts vitalisiert er geschwächte, anämische Menschen, läßt Wunden schneller heilen und fördert die Durchblutung. Traditionell wird der Granat zur Steigerung der Sexualkraft, insbesondere der männlichen Potenz, verwendet.

Astrologische Zuordnung: Widder

Hämatit

Farbe: schwarzgrau bis braunrot; Mohshärte: 5,5–6,5; Dichte: 5–5,4; Strichfarbe: rotbraun; Vorkommen: Rußland, Brasilien, USA, Kanada, Schweiz, Italien, Großbritannien u.a.

Dieser schwarzgrau bis braunrot glänzende »Blutstein« verdankt seinen Namen gleich zwei Gründen: Zum einen färbt sich sein Schleifwasser rot, andererseits wird es traditionell zur Blutstillung und Regulierung des Blutkreislaufs eingesetzt.

Als Eisenerz wirkt der Hämatit auch blutbildend und unterstützt dadurch die Eisenaufnahme und den Sauerstofftransport im Körper. Seine blutreinigende Wirkung macht sich bei Abszessen, Ekzemen und anderen Hauterkrankungen positiv bemerkbar. Die Menstruation wird harmonisiert, das Nervensystem stabilisiert.

Am besten wirkt Hämatit, wenn man ihn auf der Haut trägt. Er vitalisiert und stärkt die Lebensenergie. Angeblich vermag er in Träumen Unheil anzukündigen.

Bei akuten Entzündungen muß Hämatit gemieden werden.

Astrologische Zuordnung: Skorpion

Heliotrop

Farbe: grün mit roten Pünktchen; Mohshärte: 6,5–7; Dichte: 2,5–2,6; Strichfarbe: weiß; Vorkommen: Indien

Dieser eisenhaltige undurchsichtige Stein ist ein klassischer Heilstein, der zu den Quarzen zählt. Wegen seiner roten Flecken, die an Blutstropfen erinnern, wird er auch – fälschlicherweise – Blutjaspis genannt. Er galt bereits Hildegard von Bingen als ein wirkungsvoll immunstärkendes Mittel zur Abwehr von Krankheiten, das bei den ersten Anzeichen einer Infektion am besten in Form eines um den Hals gehängten Anhängers zu Hilfe genommen werden soll. Ihm werden zudem entgiftende Wirkungen auf Blut, Lymphe, Leber, Milz und Nieren zugesprochen. Bei Nasenbluten soll Heliotrop blutstillend wirken.

Zudem wirkt Heliotrop stärkend, erdend und psychisch ausgleichend.

Jade

Farbe: weiß-grünlich; Mohshärte: 6,5; Dichte: 3,2–3,4; Strichfarbe: weiß; Vorkommen: China, Burma, Rußland, Neuseeland, USA

Jade ist ein vor allem weiß-grünlicher, aber auch braun, rötlich oder violett getönter Heilstein mit uralter magischer Tradition. Im alten China galt er als Glücksbringer und Symbol für Frieden, Ruhe und ein langes Leben. Jade wirkt psychisch ausgleichend. Besonders auch bei Kindern macht sich seine beruhigende Wirkung bemerkbar, etwa bei unruhigem Schlaf.

Körperlich ist er vor allem als »Nierenstein«

bekannt, der, auf die Nieren gelegt, heftige körperliche Erstreaktionen auslösen kann. Daher hat er auch den aus dem Griechischen entlehnten Namen »Nephrit«, der auf die Nieren verweist. Er wirkt entwässernd. Durch Auflegen auf die entsprechende Körperstelle hilft er auch bei Migräne und Neuralgien. Zellübersäuerung wirkt er entgegen, und auch auf die Augen soll er sich positiv auswirken.

Astrologische Zuordnung: Waage

Jaspis

Farben: rot, grün, gelb; Mohshärte: 6,5–7; Dichte: 2,5–2,9; Strichfarbe: weiß, gelb, rot, bräunlich; Vorkommen: Südafrika, USA, Madagaskar, Australien, Indien, Frankreich, Deutschland, Ägypten

Der Jaspis gehört zu den Steinen, die eine ungeheure Bandbreite an farbigen Ausprägungen aufweisen. Die häufigsten dieser Quarzsteine sind rot, grün und gelb. Ihre jeweiligen Wirkungen leiten sich von den Farben und ihren vielfältigen, in Spuren enthaltenen Substanzen ab.

Der rote Jaspis stärkt Mut und Tatkraft. Der Mensch wird unter seinem Einfluß durchsetzungsstark und nimmt aktiv Einfluß auf das Geschehen in seiner Umgebung. Gleichzeitig kann man sich mit diesem Stein erden und sein Gedächtnis stärken.

Körperlich beeinflußt er positiv den Blutkreislauf, stärkt die Bildung von roten Blutkörperchen und unterstützt somit die Sauerstoffzufuhr und Zellatmung im ganzen Organismus. Während der Schwangerschaft kann er Übelkeitssymptome mildern und die Geburt erleichtern.

Der gelbe Jaspis stärkt die Fähigkeit, Unternehmungen konzentriert in Angriff zu nehmen und die Übersicht zu behalten. Seiner Farbe verdankt er vor allem seine aufheiternde Wirkung auf die Psyche. Körperlich wirkt sich der gelbe Jaspis stärkend auf den Verdauungsbereich aus.

Der grüne Jaspis harmonisiert und stärkt die Zufriedenheit. Ihm werden entzündungshemmende Eigenschaften zugeschrieben sowie die Fähigkeit, negative Einflüsse abzuwehren bzw. zu neutralisieren.

Astrologische Zuordnung: Jungfrau, Waage;
Glückssstein: Widder

Karneol

Farbe: orangerot; Mohshärte: 7; Dichte: 2,6; Strichfarbe: weiß; Vorkommen: Uruguay, Botswana, Indien, Japan, Brasilien, Nordafrika, Sibirien

Dieser orange-, blutrote oder gelbliche Stein gehört zu den Chalcedonen und wurde früher auch Sarder genannt. Heute wird er auch unter dem Namen Blutachat verkauft. Bei den Ägyptern, in der Antike wie auch im Mittelalter erfreute sich dieser Heilstein großer Beliebtheit. Hildegard von Bingen empfahl ihn gegen Nasenbluten, und zwar soll man ihn in warmen Wein legen und diesen anschließend trinken. Insgesamt wirkt er sich heilsam bei allen Erkrankungen der Blutgefäße – z.B. bei Zahnfleischbluten – sowie zur Stabilisierung eines gestörten Blutkreislaufs aus. Seiner wärmenden Wirkung verdankt man die verbesserte Durchblutung in Händen und Füßen. Wie alle orangefarbenen Steine wirkt der Karneol appetitsteigernd und regt die

Verdauung und den Stoffwechsel an. Probleme, die im Zusammenhang mit dem Unterleib stehen, also Unfruchtbarkeit, Menstruationsschmerzen, Frigidität, sollen mit Karneol behandelt werden können, wobei man den Stein auf den Unterleib legt.

Astrologische Zuordnung: Widder, Stier, Skorpion

Koralle

Farben: rot, rosa, schwarz; Mohshärte: 3–4; Dichte: 2,6–2,7; Strichfarbe: weiß (schwarze Koralle: Mohshärte: 4, Dichte: 1,34–1,45; Strichfarbe: grau); Vorkommen: USA, Rotes Meer, westliches Mittelmeer, Japan, Australien, Golf von Biscaya, Kanarische Inseln, Malayischer Archipel

Korallen sind keine Mineralien, sondern zumeist rote, aber auch weiße, rosafarbene, schwarze und sogar blaue Kalkablagerungen winziger Polypen in warmen Meeren. Seit alters dienen sie rund um die Erde unterschiedlichsten Kulturen und Völkern als magische Amulette gegen Zauber und böse Einflüsse. Den Ägyptern wie den hiesigen Stein-

zeitmenschen gab man Koralle ins Grab mit. Nordamerikanischen Indianern und den Tibetern ist die Koralle noch heute heilig.
Ihr werden vielfältige Wirkungen nachgesagt. So soll sie vor Giften aller Art schützen, bei Augen-, Haut- und Atemwegserkrankungen helfen, den Knochenaufbau besonders bei im Wachstum befindlichen Kindern fördern. Eine verblassende Korallenkette gilt als Hinweis auf eine Krankheit ihres Trägers. Koralle stärkt das Selbstvertrauen der Menschen und befähigt sie zum harmonischen Miteinander.
Aus ökologischen Gründen sollte man jedoch auf Korallen verzichten, da ihre Bänke weitgehend abgeerntet sind, und möglichst auf andere Heilsteine zurückgreifen.
Astrologische Zuordnung: Waage, Skorpion; Steinbock (schwarze Koralle)

Labradorit
Farbe: blau-grün; Mohshärte: 6–6,5; Dichte: 2,68–2,74; Strichfarbe: weiß; Vorkommen: Finnland, USA, Ukraine, Kanada, Madagaskar, Australien

Dieser graue, vor allem aber blau und grün schillernde Feldspat hat seinen Namen nach seinem ersten Fundort auf der kanadischen Halbinsel Labrador erhalten. Heilend wirkt er vor allem bei Rheuma und Gicht sowie bei Erkältungen. Auch entspannt und stabilisiert er Herz und Kreislauf. Der Labradorit vermag sowohl Kreativität und Phantasie zu stärken als auch gleichzeitig das Unterscheidungsvermögen zwischen Echtem und Unechtem zu schärfen.

Astrologische Zuordnung: Wassermann

Lapislazuli

Farbe: blau; Mohshärte: 5–6; Dichte: 2,38–2,42; Strichfarbe: bläulich; Vorkommen: Afghanistan, Chile, Baikalsee

Lapislazuli oder »Lasurstein« ist einer der ältesten bekannten und begehrten Heil- und Schmucksteine. Leider muß man davon ausgehen, daß die überwiegende Mehrzahl der im Handel angebotenen Steine Fälschungen sind. Seine ultramarinblaue Farbe und die oft goldenen Einsprengsel rücken ihn in die Nähe zum Sternenhimmel, weswegen er schon früh als heiliger Stein galt und großes Ansehen genoß.

Entsprechend seiner Farbe wirkt Lapislazuli kühlend, blutdrucksenkend, schlaffördernd und allgemein beruhigend. Auf dem Hals getragen hilft er bei Heiserkeit, Halsschmerzen und fördert die Fähigkeit, Probleme zu äußern. Auf der Stirn aufgelegt lindert er Kopfschmerzen und Augenentzündungen. Dort verstärkt er auch die meditative Innenschau und Klarsicht. Kinder reagieren besonders auf seine entspannende Wirkung.

Astrologische Zuordnung: Schütze, Waage

Magnesit

Farbe: weißlich; Mohshärte: 4; Dichte: 3; Strichfarbe: weiß; Vorkommen: Polen, Österreich, Rußland, USA, China, Brasilien, Simbabwe

Dieser weiße, farblose oder grau marmorierte Stein ist ein Magnesiumcarbonat und bezieht seine Heilwirkung aus seinem hohen Gehalt an Magnesium. Da dieses 300 verschiedene Enzyme im Körper in Gang setzt, fördert Magnesit stark den Körperstoffwechsel. Ma-

gnesium ist ein lebenswichtiges Mineral für Herz, Kreislauf und Nervensystem. Zur Vorbeugung gegen Herzinfarkt, zur Entspannung bei Nervosität und Krämpfen, Kopfschmerzen und Migräne entfaltet der auf der Haut getragene oder als Essenz eingenommene Stein seine heilsame Wirkung.
Psychisch wirkt er ausgleichend und fördert die Gelassenheit auch in schwierigen Situationen.

Malachit
Farbe: grün; Mohshärte: 3,5–4; Dichte: 3,8–4; Strichfarbe: hellgrün; Vorkommen: Zaire, Rußland, Sambia
Dieser Stein hat seine intensiv grüne Farbe von seinem hohen Kupferanteil. Bereits im alten Ägypten verwendete man zerstoßenen Malachit als Lidschatten und stellte dabei seine positive Wirkung auf die Augen fest. Allgemein gilt Malachit als Heilstein mit entgiftender Wirkung, der sich bei Nieren- und rheumatischen Erkrankungen bewährt hat. Weit verbreitet ist seine Anwendung als Gebäramulett, weswegen er auch als »Hebam-

menstein« bezeichnet wird. Er übt eine entspannende, entkrampfende Wirkung auf die Gebärmutter während der Geburt und der Menstruation aus. Schwangeren Frauen wird er auch wegen seiner wachstumsfördernden Kraft empfohlen. Depressionen, Unruhezuständen und Schlafstörungen wirkt er entgegen.

Geistig-psychisch stärkt Malachit die Fähigkeit, die eigenen Motive und Wünsche besser zu erkennen. Negative Schwingungen im Körper werden unter seinem Einfluß in ihren Wurzeln erkannt und aufgelöst. Der Mensch wird in die Lage versetzt, Altes loszulassen und den Mut zu grundlegenden Veränderungen aufzubringen. Auch sorgt der Malachit für einen harmonischen Ausgleich zwischen beiden Gehirnhälften, d.h. zwischen Verstand und Emotion.

Aufgrund seiner entgiftenden Funktion empfiehlt sich regelmäßige Reinigung.

Astrologische Zuordnung: Skorpion, Steinbock

Mondstein

Farbe: milchigweiß; Mohshärte: 6–6,5; Dichte: 2,5–2,6; Strichfarbe: weiß; Vorkommen: Sri Lanka, Indien, USA, Madagaskar, Brasilien

Der Mondstein (früher »Selenit«), wie man ihn seit dem 18. Jahrhundert nennt, ist ein Feldspat, der seinen Namen von der überwiegend milchigweißen und bläulich schimmernden Färbung herleitet. In vielen Kulturen wird er wegen seiner lunaren Kräfte verehrt: Arabische Frauen nähen sich Mondstein in ihr Kleid, um mit vielen Kindern gesegnet zu werden. Er harmonisiert den weiblichen Zyklus und die Geschlechtsorgane, lindert Schmerzen bei der Menstruation und sorgt nach einer Geburt für die Normalisierung des Hormonhaushalts. Auch während des Klimakteriums sorgt er für Ausgleich. In Indien schreibt man diesem Stein die Fähigkeit zu, schöne Träume zu schenken und die Erinnerung an diese Träume zu stärken, weswegen man ihn dort auch »Traumstein« nennt. Tatsächlich gilt er in vielen Kulturen als ein Stein, der die Intuition stärkt und von

medial begabten Menschen wie Sehern benutzt wird.
Körperlich entfaltet er bei Drüsenstörungen seine heilende Kraft.
Astrologische Zuordnung: Krebs, Fische

Moosachat

Farbe: weiß-grün; Mohshärte: 6,5–7; Dichte: 2,58–2,62; Strichfarbe: weiß; Vorkommen: Indien, Burma, Botswana, USA, China

Da diesem weißen oder bläulichen Stein mit grünen Einschlüssen die Bänderung fehlt, ist er eigentlich kein Achat; vielmehr gehört er zu den Chalcedonen und ist stark eisen- und magnesiumhaltig. Traditionell gehört er zu den Heilsteinen, die das Immunsystem stärken und bei Infektionen, Fieber, Schnupfen und Atemwegserkrankungen helfen. Dabei kann man den Stein auf die betreffende Stelle legen, bei Husten etwa auf den Hals, oder die sehr wirkungsvolle Essenz einnehmen.

Seelische Blockaden werden gelöst, stagnierende Gedanken kommen in Fluß. Wenn man sich etwa mit einem Problem »im Kreis dreht«, ohne zu einer Lösung zu kommen, kann der

Moosachat einen Ausweg weisen. Er verschafft dem Menschen plötzliche neue Erkenntnisse. Der Moosachat fördert die Naturverbundenheit.
Astrologische Zuordnung: Steinbock

Obsidian
Farben: schwarz bis grün; Mohshärte: 5–5,5; Dichte: 2,3–2,6; Strichfarbe: weiß; Vorkommen: Mexiko, Arizona (USA)
Dieses vulkanische Gesteinsglas, das auch als »Vulkanglas« bezeichnet wird, gibt es in schwarzer, brauner, grauer und grüner Färbung; je nach mineralischer Zusammensetzung weist es unterschiedliche Zeichnungen und Oberflächenglanz auf. Es gibt den vollkommen opaken Schwarzen Obsidian, den teilweise transparenten Rauchobsidian, den buntstreifigen Regenbogen-Obsidian oder den seidig schimmernden Gold- oder Silberobsidian. Stark eisenhaltig ist der Mahagony-Obsidian, der schwarz-braune Muster aufweist, während sich der sogenannte Schneeflocken-Obsidian durch weißgraue Kristallmuster im schwarzen Stein zu erkennen gibt.

Dieser vielfältige Lavastein fand schon in der Steinzeit Verwendung. Wegen seiner Schärfe wurde er vor allem bei kultischen Anlässen als Messer verwendet. Gleichwohl gilt er als Stein, der Wunden schneller heilen läßt. Psychische wie energetische Blockaden werden durch ihn beseitigt, sowohl Muskelverspannungen als auch Traumata, deren Ursprünge sich mit Hilfe des Obsidians erkennen lassen, so daß der traumatische Schock überwunden werden kann.

Der Obsidian wird am Körper getragen und eignet sich auch als Meditationsstein, da er den Blick in die eigene Tiefe ermöglicht.

Astrologische Zuordnung: Skorpion

Olivin

Farbe: olivgrün; Mohshärte: 6,5–7; Dichte: 3,2–3,5; Strichfarbe: weiß; Vorkommen: Arizona (USA), Ägypten, Pakistan, China, Birma

Dieser auch als Peridot oder Chrysolith bezeichnete eisen- und magnesiumhaltige Stein variiert von Gelbgrün über Olivgrün bis Bräunlich. Er ist ein traditioneller Heilstein, der bei Infektionen sowie zur Behandlung von Leber- und Gallenproblemen eingesetzt wird. Als Augenheilstein, zur Beruhigung der Nerven, zur allgemeinen Körperentgiftung, gegen Verstopfung und sogar Warzen und Pilze soll er helfen.

Auf psychischer Ebene wirkt er stimmungsaufhellend, vertreibt düstere Gedanken und nächtliche Alpträume. Im 12. Jahrhundert hielt Hildegard von Bingen über diesen Stein fest, daß er das Herz von Kummer, Angst und Sorgen reinige.

Astrologische Zuordnung: Zwilling; Glücksstein: Waage

Onyx

Farbe: schwarz; Mohshärte: 6,5–7; Dichte: 2,58–2,62; Strichfarbe: weiß; Vorkommen: Brasilien, Indien, Arabien, Madagaskar

Dieser Schmuckstein aus der Gruppe der Quarze ist leider nur schwer erhältlich. Aufgrund seiner häufig an Augen erinnernden Signatur gilt er als Stein gegen Sehschwäche. Darüber hinaus wirkt er bei Herz- und Kreislaufschwäche stabilisierend. Zusätzlich emp-

fiehlt Hildegard von Bingen ihn bei Magenleiden, Fieber, Milzproblemen und Depressionen. Im Mittelalter galt er als ausgesprochen magisch wirkender Stein, der sogar unsichtbar machen könne.
Onyx ist vor allem ein Stein, der »erdet«. Er konzentriert den Menschen auf irdische, materielle, realistische und nüchterne Bereiche, er stärkt das Selbstbewußtsein sowie die rationale Sichtweise.
Astrologische Zuordnung: Steinbock

Opal
Farbe: viele, opalisierend; Mohshärte: 5,5–6,5; Dichte: 1,9–2,3; Strichfarbe: weiß; Vorkommen: Australien, Mexiko, Ungarn, Slowakei, Brasilien, USA, Honduras, Ukraine, Kasachstan, Indonesien, Mali, Sachsen
Dieser in einer unendlichen Vielfalt auftretende Stein besteht zu 20 Prozent aus Wasser, was zu Lichtbrechungen und einem leuchtenden Farbenspiel führt. Die Bedeutung des Opals ist widersprüchlich. In der Antike galt er etwa Plinius als ein Stein, der zusammen mit den Farben auch die positiven Eigen-

schaften anderer Steine in sich vereine. Betrachtete man ihn in Griechenland und Indien als Glücksstein, so wurde er andererseits aufgrund seiner irisierenden Ausstrahlung als Unglücksbote eingeschätzt.

Opale werden aufgrund ihrer vielfältigen Varietäten in Gruppen eingeteilt, die sie nach ihrem Farbenspiel, ihrer Grundfarbe, dem Grad ihrer Transparenz oder der durch ihre jeweiligen Mineralstoffzusätze bedingten Färbung unterscheiden. Zu den Edelopalen gehören vor allem die schwarzen oder weißen, in deren Innern man ein Schillern erkennt. Desgleichen gibt es rote, gelbe, orangefarbene Edelopale. Es gibt sie in leuchtend blauen oder grünen, braunen oder rosafarbenen Ausprägungen.

Natürlich unterscheiden sich auch die Heilwirkungen je nach Farbe und Mineralstoffgehalt. Grundsätzlich aber gilt, daß der Opal allgemein stimmungsaufhellend wirkt und die im Menschen vorhandenen Eigenschaften, insbesondere die positiven, verstärkt. Gefühle werden geklärt, und auch auf körperlicher Ebene wirkt der auf der Haut getragene

oder meditativ betrachtete Stein reinigend und immunstärkend. Auch werden ihm heilende Eigenschaften bei Magen- und Darmerkrankungen nachgesagt.
Astrologische Zuordnung: Krebs, Widder, Fische; Glücksstein: Skorpion

Perle

Farbe: mehrere, vor allem weiß; Mohshärte: 3–4; Dichte: 2,6–2,8; Strichfarbe: weiß; Vorkommen: Persischer Golf, Küsten Mittelamerikas, Australien, Sri Lanka, Japan, Polynesien

Die Perle ist kein Mineral, sondern ein Ausscheidungsprodukt von Muscheln. Ist ein Fremdkörper, z.B. ein Sandkorn, in eine Muschel hineingelangt, so umschließt Perlmutt schichtweise dieses Korn, aus dem schließlich eine Perle entsteht. Die meisten Perlen sind weiß, einige auch schwarz, rosa oder rot; sie schimmern in unterschiedlichen Schattierungen, grünlich, bläulich, gelbgolden oder silbrig.

Perlen sind seit jeher faszinierend und haben die Menschen zu so phantasievollen Umschreibungen wie »Engelstränen«, »Diamanten des Meeres« u.ä. inspiriert. An mittelalterlichen Fürstenhäusern wurden sie pulverisiert und in Wein getrunken; auch von Kleopatra ist überliefert, daß sie wertvolle Perlen auf diese Weise zubereitet ihren Gästen angeboten habe.

Als Symbol der Weiblichkeit ist die Perle der Göttin Venus geweiht und soll über »magische« Kräfte verfügen: Sie kann angeblich Unglück ankündigen und matt werden, wenn ihr Träger eine Krankheit in sich trägt. Allerdings schimmert sie wieder in altem Glanz, wenn eine gesunde Person sie trägt. Regelmäßige Reinigung in Salzwasser klärt die Perle von allen Belastungen.

Körperlich wirkt sich eine Perlenkette positiv auf Knochen, Zähne und Nerven aus. Sie beruhigt und hat allgemein stärkende, aufbauende Wirkung. Insbesondere rosafarbene Perlen stärken die Sehkraft und wirken stimmungsaufhellend. Auf psychischer Ebene können Perlen negative Grundmuster erkennen und überwinden lassen.

Astrologische Zuordnung: Krebs, Steinbock

Pyrit

Farbe: metallisch gold; Mohshärte: 6–6,5; Dichte: 5–5,2; Strichfarbe: grünschwarz; Vorkommen: Deutschland (Erzgebirge, Siegerland, Hunsrück), Italien, Griechenland, Türkei, Peru, Spanien, Elba

Wegen seines Glanzes wird das stark eisen- und schwefelhaltige Pyrit (d.h. griech. »Feuerstein«) auch »Katzengold« genannt. Es ist goldgelb, graugelb oder messingfarben.

In der Steinheilkunde hat dieser beliebte Sammlerstein seinen festen Platz: Sein Eisenanteil wirkt sich positiv bei Blutarmut aus, weswegen Frauen ihn während der Menstruation gelegentlich in die Hand nehmen sollten, zumal er auch noch Schmerzen lindert und Krämpfe löst. Er stärkt Lunge und Leber, wirkt insgesamt entgiftend und kräftigend und gilt als »Gesundheitsstein«. Pyrit sollte aber nicht lange am Körper getragen werden, da er Eisensulfid absondert und es dadurch zu Hautreizungen kommen kann. Am besten stellt man ihn in seiner Nähe auf.

Dieser goldfarbene Stein vermag mit seinem

Schimmern unsere Psyche zu beleuchten und verborgene Motive aufzuzeigen.

Rauchquarz

Farbe: braun; Mohshärte: 7; Dichte: 2,63–2,65; Strichfarbe: weiß; Vorkommen: Brasilien, Rußland, Schweiz, Madagaskar, USA, Pakistan

Diese teure Varietät der Kristallquarze wird auch »Osiriskristall« genannt und ist ein traditioneller Heilstein. Er wird sowohl als Trauer- wie als Schutzstein verwendet. Der dunkelbraune Rauchquarz, »Morion«, findet sich häufig auf christlichen Kreuzen. Trägt man ihn längere Zeit um den Hals, macht sich seine entspannende Wirkung bemerkbar. Er ist ein richtiger »Anti-Streß-Stein«, der die Nerven stärkt und Verspannungen löst. Verspannungsbedingte Schmerzen finden Linderung, wenn man den Stein an der betroffenen Stelle auflegt. Zudem verleihe der Stein innere Festigkeit und gebe haltlosen Menschen eine neue Orientierung.

Astrologische Zuordnung: Steinbock

Rhodonit

Farbe: rot; Mohshärte: 5,5–6,5; Dichte: 3,4–3,7; Strichfarbe: weiß; Vorkommen: Schweiz, Spanien, Rußland, Australien, USA, Tansania, Madagaskar

Dieser stark manganhaltige Stein umfaßt durchscheinende bis undurchsichtige Ausprägungen, deren Farben von farblos über rosa, hauptsächlich rot, aber auch bis braun reichen und die zudem schwarze oder gelbe Adern enthalten können. Wegen seiner starken Fähigkeit zur Wundheilung ist er ein anerkannter Heilstein: Er stillt Blutungen, läßt Wunden schneller heilen und glättet sogar verwucherte Narben. Vor allem seiner Farbe verdankt er seine herz- und kreislaufstabilisierende Wirkung. Das Mineral Mangan beruhigt die Nerven, hilft beim Aufbau von Sexualhormonen und ist neuerdings auch als wichtiger Faktor bei der Behandlung von Multipler Sklerose im Gespräch, weswegen von dieser Krankheit Betroffenen zu empfehlen ist, ständig einen Rhodonit auf der Haut zu tragen.

Dieser Stein wirkt auch als Erste-Hilfe-Stein

bei Unfällen und bewahrt vor Schockreaktionen. Hierzu legt man einen Stein aufs Herz oder trinkt von der Essenz. Auf feinstofflicher Ebene wirkt Rhodonit vor allem als Stein, der Freundschaften stärkt und auch schwierige zwischenmenschliche Beziehungen harmonisiert. Er vermittelt Harmonie und Ausgeglichenheit und fördert den inneren Frieden.
Astrologische Zuordnung: Löwe

Rosenquarz

Farbe: rosa; Mohshärte: 7; Dichte: 2,65; Strichfarbe: weiß; Vorkommen: Brasilien, Namibia, Madagaskar, Ceylon, Japan, USA, Bayern

Dieser durchscheinend rosafarbene Quarz verdankt seine Farbe dem Titan- und Mangangehalt, kann allerdings verblassen, wenn er dauerhaft der Sonne ausgesetzt ist. Traditionell gilt der beliebte Heilstein als Stein der Freundschaft und Liebe. Liebeskummer und andere negative Emotionen werden durch Rosenquarz gemildert. Aggressionen werden abgebaut, Trauer wird aufgelöst. Wer dauerhaft einen Rosenquarz trägt, entwickelt sich

zu einer gleichzeitig ein- und mitfühlsamen wie auch starken Persönlichkeit, die zu zärtlichem und vertrauensvollem Umgang mit anderen Menschen fähig ist. Rosenquarz beruhigt, weshalb nervöse Menschen und auch hyperaktive Kinder ihn entweder als Anhänger tragen oder im Zimmer aufstellen sollten. Eine Essenz hat besonders starke Wirkung.
Auf körperlicher Ebene beeinflußt Rosenquarz positiv Herz und Kreislauf sowie die Sexualfunktionen. Frauen, die Schwierigkeiten haben, schwanger zu werden, wird eine Rosenquarzkette empfohlen.
Astrologische Zuordnung: Stier

Rubin
Farbe: rot; Mohshärte: 9; Dichte: 4; Strichfarbe: weiß; Vorkommen: Indien, Kenia, Norwegen, Thailand, Sri Lanka, Tansania, Birma
Der bis zum Mittelalter »Karfunkel« genannte Rubin ist ein sehr seltener und kostbarer Edelstein, der traditionell als Glücksbringer gilt. Seine Farbe variiert von Hellrosa bis zum ins Violett spielenden Dunkelrot. Besonders im Orient wurde er als »Blutstropfen aus dem

Herzen der Mutter Erde« verehrt. Dieser Stein war vor allem Signum von Königen und reichen Adligen und diente der Demonstration von Größe und Macht. Bereits vor tausend Jahren wurde seine Heilkraft ausführlich von dem arabischen Arzt Avicenna beschrieben. Er ist ein bei Blutkrankheiten hilfreicher Stein, beugt Herz- und Kreislaufleiden vor, stärkt die Vitalität und Widerstandskraft. Zur Behandlung von Augenleiden wird er ebenso eingesetzt wie zur Aktivierung der Sexualfunktionen, wobei der Rubin im ersteren Fall auf die geschlossenen Augen, im letzteren auf das Schambein gelegt wird.

Rubin ist als Symbol der Willensstärke und Tatkraft ein Stein, der Mut und Tapferkeit erzeugt. Er wird direkt auf der Haut getragen. Astrologische Zuordnung: Widder

Saphir

Farbe: blau u.a.; Mohshärte: 9; Dichte: 3,9–4,1; Strichfarbe: weiß; Vorkommen: Australien, Thailand, Sri Lanka, Indien, Madagaskar, China, Nigeria, Birma, USA, Malawi
Dieser kostbare Stein weist neben den vor-

wiegenden Blautönen auch die Farben Orange, Rosa, Gelb, Grün, Blau, Violett, Schwarz und Farblos auf. Begehrte Varietäten sind etwa der orangefarbene Padparadja oder der Purpursaphir. Da es vielfältige Fälschungsmöglichkeiten gibt, ist im Zweifelsfall eine gemmologische Prüfung ratsam.

Der Saphir hat eine Jahrtausende alte Heiltradition und ist ein wirksamer Schutzstein. In Indien wird er den Yogis zugeordnet und gilt als Stein, der Materielles und Spirituelles vereint. Nach Hildegard von Bingen symbolisiert er die »vollkommene Liebe zur Weisheit, denn durch seine Kraft verleiht er dem Menschen einen klaren Verstand, vertreibt Geisteskrankheit, Zorn und Ungeduld«.

Seine schmerzlindernden, fiebersenkenden und nervenberuhigenden Eigenschaften sind weithin bekannt. Er stillt Blutungen, fördert den tiefen Schlaf und wirkt sich heilsam bei Kopfschmerzen, psychosomatischen Krankheiten und Ängsten aus. Bei Hauterkrankungen oder -unreinheiten hilft es, sich mit Saphirwasser zu waschen. Asthmatikern wird geraten, einen Saphiranhänger zu tragen.

Der Saphir gilt als Stein, der im geistigen Bereich Tiefe und Klarheit schafft. Geistige Verwirrung und ständig abschweifende Gedanken können durch ihn eine Ordnung und Konzentration erfahren. Wer dauerhaft einen Saphir trägt, wird bewegt von Wissensdurst und dem Wunsch nach Weisheit und Klärung der Gedanken, auch in bezug auf den eigenen Lebensweg.
Astrologische Zuordnung: Fische; Glücksstein: Stier; Schutzstein: Jungfrau, Waage; Zwilling (gelber Saphir)

Sardonyx

Farbe: rotbraun; Mohshärte: 7; Dichte: 2,58–2,64; Strichfarbe: weiß; Vorkommen: Brasilien, Madagaskar, Indien
Dieser rotbraune, häufig schwarz und weiß gebänderte Chalcedon ist leicht durchscheinend und ein beliebter Schmuckstein. Hildegard von Bingen erwähnte seine Heileigenschaften. Der Sardonyx (eine Zusammensetzung aus Sarder und Onyx) wirkt stimmungsaufhellend. Er stärkt das Positive im Menschen und läßt die Sinne wacher werden.

Körperlich stärkt er das Immunsystem und den Stoffwechsel und sorgt für eine gründliche Nährstoffverwertung im Körper.
Glücksstein: Skorpion

Silber

Farbe: silberweiß glänzend; Mohshärte: 2,5–3; Dichte: 9,6–12; Strichfarbe: grau; Vorkommen: Norwegen, Deutschland, Frankreich, Spanien, Böhmen, Chile, Mexiko, Bolivien, Australien, Kanada

Dieses klar reflektierende Edelmetall ist seit alters nicht nur ein weltweit benutztes Zahlungsmittel, sondern auch als Heilmittel bekannt. Regelmäßig getragener Silberschmuck (Silber-Gold-Legierung) reinigt den Körper und hält schädliche Bakterien fern. Er desinfiziert Wunden, kühlt, beruhigt und stärkt. Silber hilft Mondsüchtigen und wirkt sich harmonisierend auf den Biorhythmus aus.
Astrologische Zuordnung: Krebs

Smaragd

Farbe: grün; Mohshärte: 7,5–8; Dichte: 2,6–2,7; Strichfarbe: weiß; Vorkommen: Brasilien, Kolumbien, Ural, Indien, Österreich, Rußland, Sambia, Südafrika, Mosambik, Tansania

Das Grün des Smaragds kann neben seiner namengebenden Farbe auch im Ton von Gras auftreten oder ins Gelbe und Graue tendieren. Dieser edle Stein gehört zur Beryll-Gruppe und ist wegen seiner Seltenheit kostbar. Sowohl bei den Ägyptern als auch den Inka spielte er eine wichtige Rolle. Vor allem seine beruhigende Wirkung auf überanstrengte Augen ist überliefert. Allein das Ansehen dieses tiefgrünen Edelsteins führt zu baldiger Besserung. Darüber hinaus zieht er Entzündungen aus dem Körper und entgiftet die Leber. Zur Linderung von Kopfschmerzen, bei Fieber und Nervosität ist der Smaragd eine Hilfe.

Bei geistig-seelischer Erschöpfung baut der Smaragd auf. Dabei unterstützt der auf der Haut getragene Stein, stärker und schneller wirkt die Essenz. Auch die Meditation über einem Smaragd ist sehr wirkungsvoll und bringt Ordnung und Klarheit in Gedanken und Gefühle.

Astrologische Zuordnung: Krebs, Jungfrau, Waage, Stier

Sonnenstein

Farbe: orange, rotbraun; Mohshärte: 6–6,5; Dichte: 2,5–2,7; Strichfarbe: weiß; Vorkommen: USA, Indien, Rußland, Madagaskar, Malawi, Norwegen

Wie alle orangefarbenen Heilsteine wirkt der Sonnenstein, auch als Aventurin-Felsspat bezeichnet, ermunternd und aufheiternd. Düstere Gedanken lassen sich vertreiben, wenn man diesen Stein längere Zeit betrachtet oder auf der Haut trägt. Anstatt ausschließlich Negatives zu sehen, öffnet sich der Blick für das Positive und Erfreuliche. Unter dem Einfluß des Sonnensteins werden die Menschen nachsichtiger mit sich selbst und anderen und können sich diesen leichter öffnen.

Der Sonnenstein hat eine allgemein wärmende und erweiternde Wirkung. Er fördert den Appetit und die Verdauung.

Astrologische Zuordnung: Löwe, Wassermann

Sugilith

Farbe: dunkelviolett; Mohshärte: 6–6,5; Dichte: 2,74–2,78; Strichfarbe: weiß; Vorkommen: Indien, Südafrika, Japan

Dieser eisen- und manganhaltige Stein wurde erst in unserem Jahrhundert entdeckt, doch ist seine Heileigenschaft ausreichend dokumentiert. Er wirkt stark bei psychischen Krankheiten und extremen Angstzuständen. Sensible Menschen und Kinder können sich mit Sugilith vor negativen Einflüssen schützen. Der Stein beruhigt die Nerven und harmonisiert bestimmte Gehirnfunktionen, weswegen er u.a. bei Epilepsie eingesetzt wird. Zudem hilft er gegen Schmerzen. Am besten legt man den Stein auf die schmerzende Stelle, bis Linderung eintritt.

Astrologische Zuordnung: Schütze, Skorpion

Tigerauge

Farbe: goldgelb und braun gebändert; Mohshärte: 7; Dichte: 2,64–2,71; Strichfarbe:

gelbbraun; Vorkommen: Südafrika, Australien

Der Name verweist auf das beim Schleifen sichtbar werdende Tigeraugenmuster dieses Quarzsteines, dessen Heilwirkung sich aus seiner Signatur ableitet. So wie der Tiger im Dunkeln sieht, so vermag auch der Mensch unter der Wirkung dieses Steins zu erkennen, was ihm vorher verborgen blieb. In schwierigen Situationen verhilft er zu Übersicht und unterstützt ihn dabei, die für ihn richtigen Entscheidungen zu treffen. Auch der Blick ins eigene Innere wird gestärkt, so daß man seine Motive leichter zu durchschauen lernt.

Im körperlichen Bereich wird Tigerauge bei Sehproblemen und Atemwegserkrankungen eingesetzt. Es ist vor allem zur Meditation geeignet, bei der er Wärme und Geborgenheit vermittelt. Am Körper sollte es nur kurz getragen werden.

Astrologische Zuordnung: Zwilling, Jungfrau

Topas

Farbe: viele, vor allem goldgelb; Mohshärte: 8; Dichte: 3,5–3,6; Strichfarbe: weiß; Vorkommen: Brasilien, Mexiko, USA, Norwegen, Sri Lanka, Rußland, Ukraine, Pakistan, Ural

Dieser transparente aluminiumhaltige Edelstein ist je nach Mineralstoffzusätzen blau, rot, gelb, rosa, farblos oder braun. Als besonders kostbar gilt die goldgelbe Varietät des Goldtopas. In der Geschichte dieses Steines finden sich viele Angaben zu seiner Wirkung: So soll er vor Gift warnen, Gewitter anzeigen, den Menschen schön und für Vorahnungen empfänglich machen. Heilend wirkt er sich bei Unruhezuständen und Nervosität aus. Seiner Farbe verdankt er seine stimmungsaufhellenden Eigenschaften. Er erwärmt, erheitert, stärkt den Appetit und den Mut. Darüber hinaus wird ihm nachgesagt, Kreativität und inneren Reichtum zu stärken und nach außen umzusetzen.

Im körperlichen Bereich ist er vor allem für die Verdauungsorgane zuständig, wo er entgiftend und kräftigend auf Leber, Milz und den gesamten Stoffwechsel wirkt.

Man trägt ihn als Stein auf dem Körper oder trinkt sein Elixier, das beruhigt und Spannungen löst.

Astrologische Zuordnung: Zwilling, Wassermann; Waage (blauer Topas)

Türkis

Farbe: türkis, blaugrün, grün; Mohshärte: 5–6; Dichte: 2,60–2,80; Strichfarbe: weiß; Vorkommen: Polen, Iran, USA (Arizona, Virginia), Mexiko, Afghanistan, China

Dieser beliebte Schmuck- und Heilstein wird häufig imitiert, so daß weitaus mehr Fälschungen als echte Steine angeboten werden. Im Zweifelsfall sollte man seinen Stein gemmologisch untersuchen lassen.

Im alten Ägypten war der Türkis ein herausragender Schutz- und Glücksstein, der für Glück und Gesundheit sorgte, geschäftliche Verhandlungen zu einem guten Ende führte und Wünsche erfüllte. In der Edelsteintherapie wird der Türkis eingesetzt, um negative Schwingungen (etwa Computerstrahlung) fernzuhalten. Darüber hinaus wirkt er sich förderlich auf die Kommunikationsfähigkeit aus und wird denjenigen empfohlen, die eine mündliche Prüfung ablegen oder eine Rede halten wollen. Dazu sollte der Türkis im Halsbereich getragen werden.

Körperlich ist er vor allem bei Hals- und Atemwegserkrankungen indiziert. Er wirkt entgiftend und zieht Entzündungen aus dem Körper. Der Türkis verleiht neue Kraft und stärkt die Nerven.

Sein Elixier gilt als ausgezeichnetes Stärkungsmittel bei Krankheit, der Stein sollte nur in bestimmten Situationen eingesetzt, aber nicht dauerhaft getragen werden.

Astrologische Zuordnung: Wassermann, Fische

Turmalin

Farben: viele; Mohshärte: 7–7,5; Dichte: 3,0–3,25; Strichfarbe: weiß; Vorkommen: weltweit; Sri Lanka, Madagaskar, Brasilien, Mosambik, Angola, USA, Pakistan, Afghanistan, Namibia, Rußland, Mexiko, Australien, Bolivien

Wegen ihrer Farbenvielfalt wurden Turmaline in vergangenen Zeiten oft mit anderen

Edelsteinen verwechselt. Es gibt zwölf verschiedene Turmalingruppen, die sich nach Farbe und Mineraliengehalt unterscheiden, u.a. der rote oder rosafarbene Rubellit, der blaue Indigolith, der grüne Verdelith, der schwarze Schörl, der braune Buergerit.

Dieser Stein hat eine Besonderheit: Durch Reibung oder Erhitzen lädt er sich elektromagnetisch auf und zieht kleine Teilchen wie Rußpartikel an, was ihm den Beinamen »Aschenzieher« beschert hat.

Der Turmalin gilt als ausgesprochen wirksamer Schutzstein, der etwa durch Narben gestörte Energieströme im Körper harmonisiert. Dafür legt oder klebt man kleine längliche Turmalinsteinchen entlang der Meridianlinien. Turmalin stärkt das Herz, die Immunabwehr und führt insgesamt zu gesteigerter Vitalität.

Feinstofflich wirkt er harmonisierend auf die Wahrnehmung des Selbst und der Umwelt und hilft dabei, einen stabilen Platz im Leben zu finden.

Der rote Rubellit gilt zudem als blutreinigend und die Sexualorgane stärkend. Er vermag negative Energien zu transformieren und fördert Glück und Zufriedenheit.

Der blaue Indigolith bringt Kühlung, Entspannung und tiefen Schlaf. Er stärkt die Nerven und die Fähigkeit, sich zu sammeln und auf das Wesentliche zu konzentrieren.

Der grüne Verdelith fördert den Stoffwechsel, die körperliche Entgiftung und die Verdauung, insbesondere hilft er gegen Verstopfung. Er ist ein Stein, der auf allen Ebenen Erneuerung bringt.

Der schwarze Schörl hält negative Energien fern und schützt vor Strahlenbelastung. Insofern eignet er sich als Schutzstein vor einem Computer oder zur Deblockierung von Energieströmen im Körper. Der Schörl entspannt, beruhigt und schenkt dem Menschen mehr Gelassenheit in anstrengenden Streßsituationen, indem er überschüssige Energieströme ableitet.

Astrologische Zuordnung: Waage (Glücksstein: Indigolith); Steinbock (Glücksstein: grüner Turmalin); Skorpion (Rubellit, Schörl)

Zirkon

Farbe: gelb bis braun; Mohshärte: 6,5–7,5; Dichte: 3,9 -4,7; Strichfarbe: weiß; Vorkommen: USA, Brasilien, Rußland, Australien, Madagaskar, Sri Lanka, Thailand, Norwegen, Kambodscha

Dieser gelbe, orangefarbene oder rotbraune Stein wurde bereits in der Antike als magischer Stein, »Hyazinth«, geschätzt. Im Mittelalter galt er als Übermittler von Frieden bzw. innerer Zufriedenheit. In der Steinheilkunde wird Zirkon zur Beruhigung und zum Lösen von Krämpfen und Verspannungen z.B. bei Menstruationsschmerzen eingesetzt. Er stärkt Herz, Lunge, Leber, Milz und die Bauchspeicheldrüse.

Auf psychischer Ebene hilft er traurige Zustände zu überwinden und die Probleme und Ängste des irdischen Lebens zu relativieren.

Da Zirkon häufig radioaktiv strahlt, sollte man ihn nur kurz auf schmerzende Stellen auflegen und dann wieder vom Körper entfernen.

Astrologische Zuordnung: Stier, Löwe, Schütze

❖ 5 ❖

THERAPEUTISCHER INDEX

Im folgenden gebe ich einen Überblick über den therapeutischen Einsatz von Heilsteinen bei den häufigsten Indikationen. Dieser Index gilt nur als grobe Richtlinie. Schlagen Sie bitte bei dem jeweiligen Stein nach, bevor Sie sich Ihren persönlichen Stein auswählen. Ich möchte darauf hinweisen, daß Steine im Krankheitsfall natürlich den Rat eines Arztes, Heilpraktikers oder Therapeuten keinesfalls ersetzen können und dürfen.

Allergien: Aquamarin (Heuschnupfen), Aventurin, Bergkristall
Appetitlosigkeit: Karneol, Sonnenstein, Topas
Asthma: Bernstein, Saphir
Atemwegserkrankungen: Amethyst, Aquamarin, Chalcedon, Koralle, Moosachat, Tigerauge, Türkis

Augenleiden: Achat, Aquamarin, Bergkristall, Beryll, Chrysopras, Jade, Koralle, Lapislazuli, Malachit, Olivin, Onyx, Perle, Rubin, Smaragd, Tigerauge

Ausschlag: Aventurin

Bauchspeicheldrüse: Citrin, Zirkon

Beruhigung: Amazonit, Amethyst, Chalcedon, Heliotrop, Labradorit, Lapislazuli, Olivin, Perle, Rauchquarz, Rhodonit, Rosenquarz, Saphir, Schörl (schwarzer Turmalin), Silber, Smaragd, Topas, Zirkon

Blutkreislauf: Gold, Granat, Hämatit, Heliotrop, Jaspis, Karneol, Labradorit, Onyx, Pyrit, Rhodonit, Rosenquarz, Rubin, Rubellit

Depression: Achat, Bernstein, Citrin, Feueropal, Gold, Goldtopas, Granat, Jaspis, Malachit, Onyx, Opal, Sardonyx, Sonnenstein

Energielosigkeit: Apatit, Bergkristall, Diamant, Feueropal, Granat, Hämatit, Rubin, Turmalin

Entgiftung: Amethyst, Aquamarin, Beryll, Chrysopras, Heliotrop, Jade, Malachit, Olivin, Opal, Pyrit, Silber, Smaragd, Topas, Türkis, Turmalin

Erkältung: Labradorit, Moosachat
Fieber: Achat, Bergkristall, Moosachat, Onyx, Saphir, Smaragd
Halsschmerzen: Heliotrop, Lapislazuli, Moosachat, Türkis
Herz: Aventurin, Bergkristall, Calcit, Chrysopras, Granat, Labradorit, Magnesit, Onyx, Rhodonit, Rosenquarz, Rubin, Turmalin, Zirkon
Kopfschmerzen: Achat, Amethyst, Jade, Lapislazuli, Magnesit, Saphir, Smaragd
Leber/Galle: Apatit, Heliotrop, Olivin, Pyrit, Smaragd, Topas, Zirkon
Menstruationsbeschwerden: Amazonit, Hämatit, Karneol, Malachit, Mondstein, Pyrit, Zirkon
Nervenstärkung: Amazonit, Amethyst, Beryll, Citrin, Diamant, Hämatit, Magnesit, Olivin, Perle, Rauchquarz, Rhodonit, Saphir, Sugilith, Türkis, Turmalin
Nieren: Achat, Heliotrop, Jade, Malachit
Regeneration: Apatit, Bergkristall, Beryll, Feueropal, Granat, Perle, Pyrit, Rubin, Türkis, Verdelith (grüner Turmalin)
Schlafstörungen: Amazonit, Amethyst, Chry-

sopras, Citrin, Indigolith (blauer Turmalin), Jade, Lapislazuli, Malachit, Saphir

Selbstvertrauen stärken: Diamant, Gold, Granat, Koralle, Onyx

Verdauungsstörungen: Amethyst, Bergkristall, Bernstein, Citrin, Jaspis, Karneol, Olivin, Opal, Sardonyx, Sonnenstein, Topas, Verdelith (grüner Turmalin)

Wundheilung: Bernstein, Granat, Obsidian, Rhodonit